L'ART
NOUVELLEMENT INVENTÉ
POUR ENSEIGNER A LIRE;

ACCOMPAGNE'
DE RÉFLÈXIONS CONSÉQUENTES
& critiques fur les Mèthodes qui ont paru
& qui peuvent paroître dans ce genre;

L'ART
D'APPRENDRE L'ORTOGRAPHE
Françôife , & de donner la clef du Latin
& des autres Langues ;

EXTRAIT
DES OUVRAGES DE DEUX SAVANS,
pour fubftituer ces deux Arts aux Mèthodes
vulgaires.

Filii tibi funt ? erudi illos, & curva illos à pueritia illorum.
Eccli. 7. 25.

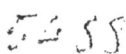

A PONT-A-MOUSSON,
Chez MARTIN THIERY Imprimeur du Roy,
à la Bible d'Or.

Avec Permiffion.   5455

L'ART
D'ENSEIGNER A LIRE.

 L y a deux choſes que nous apprenons de routine & ſans art, *parler & lire*: on ne donne point de Maîtres aux Enfans pour les enſeigner à parler, ils apprennent d'eux mêmes la langue vulgaire ; mais lorſqu'ils ont atteint l'âge, on peut les perfectionner, parce qu'il eſt un art pour cette partie.

Il n'en eſt pas ainſi de la lecture ; les Enfans ne peuvent apprendre d'eux mêmes à lire ; on leur donne des Maîtres, & comme on ne connoit pas encore l'art d'enſeigner à lire, les Maîtres ſuivent la mèthode vulgaire qui eſt irréguliere & fauſſe ; on trompe les deux plus nobles de nos ſens, *la vûë & l'ouïe*, ſurtout en nous apprenant à lire en françòis qui eſt une langue enigmatique, où l'on prononce ce qui n'eſt pas ècrit, & où l'on ècrit ce qui ne ſe prononce point.

Les plus vaſtes genies n'ont pas dèdaigné de s'occuper de cette premiere inſtruction des Enfans ; le chapitre VI. de la premiere partie de la Grammaire raiſonnée qui eſt qualifiée de Chef-d'œuvre de l'eſprit humain, roule totalement ſur cet objet. L'Auteur de ce chef-d'œuvre ne ſe borne pas à montrer

A

comment les Langues font le tableau de la penſée, il fait encore voir que l'écriture eſt celui de la parole; & pour en faciliter la lecture aux Enfans, il n'a pas dédaigné de porter ſon pinceau ſur cette toile, en y traçant une route pour leur faciliter cette premiere étude qui eſt très-épineuſe. Comme c'eſt d'elle que dépend en partie le gout pour les autres études, il a péſé combien il importoit de le faire naître en conduiſant la Jeuneſſe par une voie douce & aiſée, & non par une difficile & pénible telle qu'eſt la mèthode vulgaire, qui eſt une routine ſans art. Mais avant que de montrer qu'il eſt un art pour enſeigner à lire, voyons ce que c'eſt que lire.

Lire n'eſt autre choſe que bien prononcer les mots, dit un Auteur célebre, page 31 de la Mèthode qu'il vient de donner au Public. Mais il ſe trompe, car tous ceux qui ne ſçavent pas lire, prononcent bien les mots; ainſi lire eſt autre choſe que *bien prononcer les mots.*

Lire, eſt *ſavoir le ſon qui réſulte de l'aſſemblage de pluſieurs lettres écrites dans une ſyllabe*. Qu'eſt-ce qu'ont fait nos Peres pour apprendre aux Enfans à lire? Ils leur ont fait epeler toutes les lettres, après quoi ils leur ont dit le ſon qui devoit en réſulter. Qu'eſt-ce qui rend épineuſe cette Méthode? C'eſt de faire epeler les voyelles & les conſonnes dont chacune rend un ſon tellement oppoſé à celui de leur aſſemblage, que ſi après les avoir nommées on n'en diſoit pas le ſon aux Enfans, ils ne pourroient jamais le trouver; ainſi la facilité d'apprendre à lire ſelon la mèthode vulgaire dépend du plus ou du moins de mémoire pour retenir le ſon indiqué; & ce qui embrouille les Enfans, eſt l'articulation des lettres epelées, qui rendent des ſons oppoſés à celui qu'ils doivent prononcer.

Voyons maintenant la rèforme introduite par l'Auteur de la Grammaire raiſonnée, ce que ſa Mèthode a de commun avec celle de nos Peres, & en quoi elle en differe.

La rèforme qu'il a introduite regarde la dènomination des caractères de l'alphabet qu'il fait prononcer tous fur l'*e* muët, ou pour mieux dire fur l'*e* françois, comme on prononce l'article *le* & *de*, & les pronoms perfonnels *me te fe* ; au lieu que nous prononçons fept caractères devant l'*e* fermé : *b c d g p t z*, & fix après l'*e* bref : *f l m n r s* ; un devant *a*, k, & un après, *h*, un après *i*, x, & un devant *u*, q. Il prètend qu'un Enfant articule plus aifément les fons devant chaque voyelle en difant : fe a, *fa*, fe i, *fi*, fe o, *fo*, fe u, *fu*, ainfi des autres. A l'égard des confonnes doubles & triples, comme *fra* & *fpra*, il fait epeler : fe re a, *fra*, fe pe re a, *fpra*.

Cette Mèthode eft conforme à l'ancienne, en ce que dans l'une & dans l'autre on epele les voyelles & les confonnes : & quoiqu'elle differe dans la dénomination des caractères alphabétiques, les Enfans n'articulent pas moins des fons oppofés à celui qui doit réfulter de l'affemblage de differentes lettres : ainfi la même difficulté fubfifte, l'Enfant ne peut de lui-même trouver le fon, qu'il faut toujours lui dire après l'avoir fait epeler de l'une ou de l'autre façon.

La vraie Mèthode d'apprendre à lire eft donc *l'Art d'enfeigner aux Enfans à trouver & à former d'eux-mêmes le fon réfultant de l'affemblage de plufieurs lettres :* & cela fans les leur faire epeler, afin qu'ils ne s'embrouillent pas dans l'articulation des fons oppofés à celui qu'ils doivent prononcer. Cet Art inconnu jufqu'ici & que l'on cherche en France depuis plus d'un fiecle, eft la découverte pour apprendre à lire par les fons, qui paroit à Paris fous le titre d'A B C ROYAL, parce qu'il eft dédié aux Enfans de France.

Pour expofer clairement en quoi confifte l'Art d'enfeigner à lire, il faut obferver qu'une fyllabe peut être formée de voyelles feules, c'eft-à-dire d'une ou de plufieurs, fans aucune confonne. Mais une fyllabe ne peut être formée de confonnes feules, il y faut nèceſſairement une ou pluſieurs voyelles, & de cet aſſemblage il réſulte un ſon qui ſe tire de celui des voyelles. Or pour mettre un Enfant en état de trouver & de former de lui-même le ſon de cet aſſemblage, il faut qu'il ſache les ſons des voyelles ſeules, c'eſt ce qu'on appelle ſons ſimples, & les ſons de pluſieurs voyelles jointes enſemble, c'eſt ce qu'on appelle ſons doubles.

On a dreſſé une table où l'on a repréſenté les ſons ſimples & les doubles tant de la langue latine que de la françôiſe, il n'y a que ſept ſons ſimples, il les faut enſeigner aux Enfans avant que de les leur montrer dans le livre; c'eſt l'ouvrage de dix minutes au plus pour les leur faire apprendre par cœur. Après qu'ils les ſauront de mémoire, on les leur fera voir dans le livre avec les ſons doubles; en quatre leçons ils en connoîtront les caracteres & en formeront les ſons, car lorſqu'un Enfant ſait les ſons ſimples, il forme de lui-même les doubles.

Il eſt maintenant queſtion des ſons d'aſſemblage, c'eſt-à-dire d'une ou de pluſieurs conſonnes jointes aux voyelles dans une ſyllabe. Cet aſſemblage ne ſe fait que de cinq façons, ſoit en latin, ſoit en françòis; ou d'une ou de deux conſonnes devant & après les voyelles, ou de trois conſonnes ſeulement devant les voyelles. Il ne ſe trouve que deux mots latins où il y ait trois conſonnes après une voyelle, ce ſont *ſtirps* & *urbs*.

On a dreſſé cinq tables qui repréſentent ces cinq aſſemblages. Chaque table eſt compoſée d'une petite page d'autant de lignes qu'il y a de conſonnes. Les deux premieres pages ſont de dix-neuf lignes; la troiſieme eſt de vingt-cinq, mais la quatrieme & la cinquieme n'en contiennent que neuf. Chaque table a une leçon compoſée de mots entiers qui y répondent.

L'Enfant le moins intelligent apprend aiſément une table par ſemaine; il ſe trouve tout de ſuite en état de lire la leçon qui y répond, & lorſqu'il ſait les trois premieres tables, il de-

vient inutile de lui faire des leçons particulieres des deux dernieres qui ne font prefque partout augmentées que de la confonne *s* devant ou après la fyllabe ; en lui faifant fifler cette
lettre qui ne s'articule pas, il prononce toute la fyllabe. Comme on ne peut ècrire ce fiflement qui part d'entre les dents,
non plus que les fons fimples & les doubles, c'eft aux Maîtres
de tâcher de les apprendre d'eux-mêmes, ou de chercher à s'en
inftruire. Il ne faut pour cela que des yeux pour voir les caracteres qui indiquent les fons, de la langue pour les articuler,
& de l'oreille pour les entendre : ainfi l'efprit n'y eft pour rien,
cela dépend uniquement des fens.

Il refte à montrer comment un Enfant qui fait les fons fimples & les doubles peut trouver & former de lui-même les
fons d'affemblage, c'eft-à-dire d'une ou de plufieurs confonnes
devant & après une ou plufieurs voyelles.

Cette opération eft des plus fimple. On lui propofe *b* devant
a ; fi l'Enfant n'en trouve pas la dénomination, on lui dit *ba*.
On peut être affuré qu'après lui avoir dit cette premiere dénomination, il trouvera & formera celles de *b* devant *e*, devant *i*,
devant *o* & *u*.

On lui propofe *tr* devant *a*, *tr* devant *e*, devant *i*, &c. Enfuite *ftr* devant *a*, devant *e*, &c. L'Enfant n'a qu'un fiflement
de plus à faire.

On lui propofe *b* après *a*, *b* après *e*, après *i*, &c. Enfuite *b* &
f après *a*, après *e*, après *i*, &c. Il n'a qu'un fiflement de plus à faire.

Ce changement differe fi peu de l'ufage vulgaire qu'il ne
doit revolter perfonne, & il opere des progrès fi prompts & fi
merveilleux, qu'il ne peut qu'exciter la curiofité de quiconque
a des Enfans.

En matiere de preuve, la plus évidente & la moins fujette
à replique, eft le fait. Un Enfant à Paris qui ne connoiffoit que
fes lettres, l'Auteur l'a fait lire en quinze jours, en françois &

en latin, à livre ouvert ; deux autres en un mois ; un jeune Seigneur du College d'Harcourt, en trois femaines. Tous ces faits font atteftés par des certificats.

Ajoutons à ces progrès rapides la facilité d'apprendre la mèthode, puifqu'une Fille qui donne des leçons dans Paris, l'a apprife en quatre leçons ; & la facilité que les Enfans ont d'apprendre les fons, puifqu'une Demoifelle du premier rang âgée feulement de vingt-fept mois, les a appris en quinze jours.

On demandera peut être, fi en lifant feulement ce qui eft dit de l'Art d'enfeigner à lire, on peut l'apprendre de foi-même, fans entendre prononcer les fons fimples, les doubles, & ceux des confonnes qui y font unies ? C'eft ce que l'Auteur ne fait pas plus que fi on lui demandoit, fi quelqu'un a pû de lui-même apprendre la Mufique ou le Pleinchant, lorfque celui qui en a inventé l'Art, a reprèfenté les tons avec des nottes.

L'Auteur fait qu'il y a des mots de deux fyllabes qu'un Enfant lit en fiflant. On fifle de deux manieres ; à la françôife, & à l'allemande. Le fiflement à la françôife eft pour lire la confonne *s* devant & après une fyllabe, & le *c* devant un *e* muët. Le fiflement à l'allemande eft pour lire *ch* en françòis, devant & après les cinq voyelles. On fouhaiteroit, pour fatisfaire la curiofité du Lecteur, qu'il fut poffible d'ècrire ces deux fiflemens.

L'Auteur fait encore que la Mèthode d'apprendre à lire par les fons a fix avantages, qui ne fe rencontrent en aucune autre. Elle eft *réguliere*, *favante*, *facile*, *courte* ; elle apprend *l'Ortographe*, & elle donne *la clef* pour apprendre la prononciation des langues ètrangeres.

Elle eft *réguliere*, parce qu'elle eft fondée fur la connoiffance des fons qui font des guides fûrs. Elle apprend donc à agir par regles, & à ne rien lire à l'aventure. Un Enfant èlevé à faire fa premiere ètude felon les regles, contracte l'habitude d'en ufer.

partout demême , & de ne rien confier au hazard.

Cette Dècouverte est *favante* , parce que les Enfans & les Perfonnes raifonnables qui favent lire felon cette Mèthode , font en ètat de rendre raifon de tous les mots qu'ils prononcent , ce que ne peuvent faire ceux qui ont appris par la Mèthode vulgaire.

Elle est *facile* , puifqu'un Enfant , après la premiere leçon , étudie feul , fans le miniftere du Maître , qui n'en prête d'autre que celui de l'oreille pour ecouter fi l'Enfant ne fe trompe pas. Il arrive de là qu'un Enfant qui fait fe conduire, ne fait plus qu'un jeu amufant en fons & en rimes , d'une étude qui ètoit auparavant pour lui un labyrinthe d'épines & d'écueils ; & pour les Maîtres un ennui fuffoquant d'entendre epeler quantité de lettres , & de fe voir obligé après cette premiere opération de dire le fon qui doit en réfulter , fans quoi un Enfant nè pourroit jamais le trouver. Si dans le cours de la lecture un Enfant fe trompe , le Maître ne dit pas le fon , il l'indique feulement par des termes faits exprès qui font au nombre de neuf , dont cinq regardent la voyelle *e* , & les quatre autres *c g n*. Ces neuf termes font : *fermé , bref , françòis , ouvert , müet , dur , doux , vocal & nazal*. Ces termes forment une efpece d'exercice , qui est un jeu pour les Enfans , & un amufement pour les Maîtres , dont ces derniers ne joüiffent que dans les commencemens , & dont ils font privés lorfqu'un Enfant fait lire. Ce contrafte est bien differend de l'ufage vulgaire & de toutes les autres Méthodes , felon lefquelles un Maître fe trouve excédé d'ennui dans les commencemens , & n'a de fatisfaction que lorfqu'il a perfectionné fes Elèves.

Cette Mèthode est *courte*. Il n'y a que cinq tables d'une petite page chacune, encore ne faut-il en apprendre que trois ; on fifle les dernieres. Ces cinq tables embraffent toutes les Mèthodes, & elles y font propres même à la vulgaire. Car ceux qui

veulent abſolument qu'on epele, n'ont qu'à commencer par faire
epeler ſucceſſivement ces cinq tables, un Enfant en apprendra
une par ſemaine, & lira ſans epeler la leçon qui y répond.

Il manque une table particuliere à la langue françoiſe, dont
nous parlerons à la fin, c'eſt celle des ſyllabes terminées par
l'e féminin ou muët, comme ga*gne*, *ſabre*, ſemblable, apre, &c.

Cette Mèthode apprend *l'Ortographe*. Il eſt facile de s'en con-
vaincre, ſi l'on fait attention que ceux qui apprennent à lire par
les ſons dèmelent parfaitement les lettres dont le ſon eſt compoſé. Ils ſe ſouviennent en outre de celles qu'on leur a fait ob-
ſerver, qui ſont ècrites & qui ne ſe prononcent point, ou qui
indiquent des ſons oppoſés aux caracteres ècrits. Ce qui met le
ſceau à cette refléxion, c'eſt l'experience. Il faut entendre un
Enfant dicter l'ortographe des lettres dont les mots ſont compo-
ſés. L'Auteur qui ne connoiſſoit pas tout le merite de ſa Mèthode,
fut très-ſurpris d'entendre ſes Eleves au bout de trois mois ou
environ, s'amuſer à dire d'eux-mêmes les lettres qu'ils articu-
loient : car ſi cela n'étoit arrivé de hazard, l'Auteur n'y penſoit
pas, ce n'eſt que peu à peu qu'il a appris lui-même les effets
de ſa dècouverte.

Elle eſt *la clef* pour apprendre *la prononciation des langues
ètrangeres*. C'eſt pourquoi les perſonnes raiſonnables qui veulent
apprendre une langue ètrangere doivent commencer par apprendre les ſons de la leur, car quiconque ſait les ſons de ſa langue apprend aiſement & en un inſtant ceux des autres langues.
Un Enfant françòis qui ſait les ſons de ſa langue, à qui l'on dit
ſeulement les ſons allemands, en prononce parfaitement les
mots les plus difficiles ; c'eſt ce qu'on a expérimenté. Ainſi
un Enfant allemand qui auroit appris à lire ſa langue par les
ſons, prononceroit ègalement les mots françòis à la françôiſe,
ſans y meler le ſon ni l'accent allemand, & cela en lui diſant
ſeulement les ſons françòis. Enfin pour introduire dans tout un
Royaume

Royaume une prononciation uniforme, il n'est qu'un moyen, c'est d'enseigner à lire par les sons.

A ces six avantages de l'Art pour apprendre à lire par les sons, ajoutons-en un singulier. Un Enfant peut suivant cette Mèthode assembler les lettres & en trouver le son, avant qu'il en connoisse les caracteres dans un livre; car d'abord qu'un Enfant commence à parler, on peut l'enseigner à prononcer les cinq voyelles; ensuite on lui apprend les noms des lettres de l'alphabet, après quoi on lui fait prononcer les consonnes simples, & successivement les doubles & les triples, devant & après les voyelles; de sorte qu'un Enfant se familiarise à ce petit exercice, & lorsque l'âge permet qu'il s'applique, on lui apprend à connoître dans l'alphabet les caracteres dont il sait les noms, & à lire les syllabes qu'il sait articuler de mémoire. Il conviendroit même d'instruire de cette façon tous les Enfans avant que de leur donner un livre.

Cette Mèthode d'instruire un Enfant aussi-tôt qu'il sait parler, est très-avantageuse, puisqu'on peut déjà l'occuper sans qu'il se fatigue, & le disposer insensiblement à apprendre dans les livres ce qu'il a appris par cœur. Car si l'on apprend aux Enfans à compter sans qu'ils connoissent les chifres qu'on ne leur apprend que longtems après, pourquoi ne pourroit-on leur apprendre les noms de vingt-quatre lettres, & les leur faire assembler successivement selon les cinq tables qu'on a dressées. L'experience en matiere de preuve, comme on l'a déjà dit, est sans réplique : on a essayé avec plusieurs, on a réussi avec tous, quiconque peut l'expérimenter, & il réussira certainement.

Que l'on ne soit donc plus surpris de toutes les Mèthodes qu'on a vu éclore depuis un siecle! Les personnes raisonnables ont réflèchi que pour apprendre à lire, il pouvoit y avoir une voie plus réguliere & moins difficile que la Mèthode vulgaire; elles l'ont cherchée, & elles en sont louables, parce qu'exactement il y avoit dans ce genre une découverte à faire, qui est l'Art d'enseigner à lire.   B

Mais on doit être surpris de voir un recueil de syllabes seu-
les, intitulé *la vraie Mèthode pour enseigner à lire !* S'il en étoit
ainsi , nos Dictionnaires seroient de *vraies Mèthodes* , puisque
véritablement ils contiennent par ordre alphabetique tous les
mots de la langue, lesquels renferment toutes les syllabes possibles ,
tandis que ce recueil en prèsente qui ne se rencontrent en aucun mot françois : comme *ĉta ĉte ĉti ĉto ĉtu.* page 20. *Sfa , gnu,
tla , tli , aj oj uj.* page 30.

De quel avantage peut être un pareil recueil pour les langues
ètrangeres ? Car pour donner à une Mèthode l'èpithéte de *vraie*,
il faut qu'elle soit propre à toutes les langues. De quel usage
peuvent être les syllabes françôises au latin & aux autres langues où l'on prononce ordinairement comme on ècrit, & où
l'on ècrit comme on prononce ; tandis qu'en françois on prononce presque partout ce qui n'est pas ècrit , & on ècrit ce qui
ne se prononce pas.

Ce recueil est à la verité un miroir des difficultés de la langue, mais il ne facilite en aucune part aux Enfans le moyen d'en
trouver ni d'en former les sons. L'Auteur promet bien que lors-
qu'on en saura les cinq cartons , on lira couramment en huit
jours. Cette annonce est équivoque : il faut ici parler clairement
& ne point gauchir ; il importe donc que l'Auteur fixe le tems
qu'il faut aux Enfans pour apprendre ces cartons ! car on avance
avec certitude & d'après l'expérience, qu'il y a des Enfans qui
ne les apprendront jamais, & d'autres à qui plusieurs années suf-
firont à peine. Ce recueil est semblable au Syllabaire des Freres
de la Doctrine chrétienne que l'on a jugé si peu convenable aux
Enfans, qu'il n'a jamais été permis aux Freres de s'en servir dans
leurs Ecoles de Paris. Ils l'enseignent néanmoins à Metz & à
Nancy ; & c'est de ces deux Villes que l'on sait par expérience
qu'il y a des Enfans qui n'ont pu l'apprendre, & d'autres aux-
quels il a fallu plus de deux ans pour en venir à bout.

Au reste l'Auteur de ce recueil n'est pas d'accord avec lui-même. Il dit qu'il faut commencer par faire lire les Enfans en françòis, parce que c'eſt leur langue dont ils entendent les mots qu'ils ne comprennent pas en latin. Cela ètant, il convient donc de leur prèſenter dabord à lire des mots entiers qui ont une ſignifieation, plutôt que de ſimples ſyllabes qui ne ſignifient rien.

Que l'on juge à prèſent quelle utilité peut tirer le Public de ſavoir qu'un Recueil de ſyllabes de 46 pages *in octavo*, ſans être accompagné d'aucuñe leçon, ſe vend ſeize ſols chez BUTARD, rue St. Jacque à Paris, tandis que l'Art d'enſeigner à lire, qui eſt accompagné de leçons latines & françôiſes, ſe vend ſeulement ſix ſols, chez MERIGOT Pere, Quai des Auguſtins, & chez LAMBERT rue de la Comédie.

Un autre Auteur qui fit imprimer en 1741 une Mèthode ſelon les principes de Port-Royal, vient de la faire rèimprimer pour le prix de 40 ſols en entier, & de 12 ſols en abrègé. Quel avantage pretend cet Auteur procurer au public, d'annoncer qu'il n'a rien compris dans l'Art d'enſeigner à lire par les ſons? Perſonne ce ſemble ne devoit ſaiſir la Mèthode plus promptement que lui. Quel eloge prètend-il tirer de cet humiliant aveu, puiſqu'une Fille qui enſeigne à lire dans Paris, l'a appriſe en quatre leçons, & les Enfans d'un âge le plus tendre l'apprennent aiſement? Il auroit pû ſe diſpenſer de dèvoiler ce qu'il eſt intèrèſſé d'ignorer: il eût en même tems diſpenſé l'Auteur qui n'a point quêté ſon ſuffrage, de lui parler le langage d'Horace : *non ego ventoſæ plebis ſuffragia venor.*

Dans la Rèpublique des Lettres on doit bannir l'envie & la jalouſie! l'émulation ſeule a droit d'y régner; & ceux qui travaillent en vue de dècouvrir la vérité doivent la recevoir de toutes mains; car dans le genre littéraire, c'eſt être vainqueur que de s'avouer vaincu, puiſque c'eſt remporter une victoire que de rendre hommage à la vérité.

Enfin toutes les Mèthodes qui ont paru juſqu'ici, Port-Royal, Syllabaires &c. ne tiennent pas plus de l'Art que de la Mèthode vulgaire. Le Quadrille des Enfans qui se vend un, deux, & trois Louis, selon qu'il est plus ou moins orné, est un leurre. On y fait chercher sur des cartes pendant des années entieres des assemblages de lettres que tous les Enfans peuvent apprendre en quatre semaines, & les sons en dix minutes, par les tables que l'on a dressées dans le petit livre latin du prix de six sols.

Si l'on insinue qu'il est à propos que l'on commence par faire lire le latin, c'est parce que les Enfans en trouvent & en forment aisément les sons. Le début est méthodique & régulier. On propose d'abord la table des consonnes simples, successivement celle des doubles avant & après les voyelles avec les leçons qui y répondent, puis celles des diphtongues, ce qui ne se peut faire en françois, où toutes les difficultés se présentent à la fois avec des exceptions sans fin. Lire le latin, est tellement la clef sure pour lire le françois, qu'un Enfant qui sait lire le latin peut quatre jours après lire le françois à livre ouvert, c'est ce que l'on a expérimenté plus d'une fois.

Une terminaison particuliere & presque unique à la langue françoise est celle des syllabes terminées par l'*e* féminin ou muët dans les mots & à la fin des mots, comme: gran-*de*-ment, fi-*ne*-ment, gra-*ce*, ra-*ve*, ai-*je*, sembla *ble*, ga-*gne*, para-*phe*, sa *che*, &c.

Deux Savans à Paris dirent à l'Auteur qu'ils avoient parfaitement saisi sa découverte pour faire lire sans epeler, mais qu'ils ne concevoient point comment un Enfant pouvoit lire les syllabes terminées par un *e* muët sans en epeler les lettres.

Cette opération est simple, naturelle & en même tems curieuse; les Enfans l'exécutent aisément. Il suffit pour les apprendre à articuler proprement ces syllabes, de recourir à la premiere table des consonnes simples, & à la troisieme des consonnes doubles devant les voyelles, & de les leur faire prononcer à rebours: comme *abe ebe ibe obe ube*, *ave eve ive ove uve* &c. *Able ebla ible oble uble*, *agne egne igne ogne ugne* &c. A ce moyen les Enfans détachent les consonnes de l'*e* muët, & ils les prononcent avec la voyelle précédente tout d'un coup & d'une feule voix, comme on fait en parlant. Ils lifent *ace ece ice oce uce* en fiflant à la françôife après les cinq voyelles, & *ache eche iche oche uche* en fiflant à l'allemande.

Les fons, comme on l'a déjà dit, ne pouvant s'écrire, il n'eft guéres poffible de s'expliquer plus clairement ni plus nettement fur le papier: c'eft ici qu'il eft à propos d'entendre un Enfant inftruit felon cette Mèthode lire ces fyllabes comme on les pro-nonce en parlant.

L'Auteur conduifit à cet effet fes Eleves chez ces deux Sa-vans, & ce ne fut qu'après s'être convaincus par le fait, que l'un annonça dans le Mercure de Juin ou de Juillet 1759, & l'autre dans l'Année littèraire, les opérations merveilleufes de l'Art d'en-feigner à lire, dont ils venoient d'être tèmoins oculaires & au-riculaires.

Si l'on eft curieux de juger fainement & fans impartialité, combien la Mèthode vulgaire eft irréguliere & ridicule, on n'a qu'à èpeler la derniere fyllabe de para*phe* & de fa*che* comme il eft d'ufage de les faire èpeler aux Enfans dans les Ecoles : que l'on s'écoute, on entendra dabord que l'on prononce l'*e* fermé ; de là, on articule l'affemblage des confonnes avec l'*e* françois, & l'on finit par un fon tellement oppofé aux deux premiers, que l'on ne feint point de dire, que ces deux opèrations pour arriver à la troifieme tiennent de l'imbécillité.

Si quelque chofe peut nous confoler d'avoir appris par la Mè-thode de nos Peres, c'eft la mèthode des Hebreux & des Grecs qui eft encore plus embaraffante & plus materielle que la nôtre. Nous nommons nos voyelles d'un fon fimple, & nos confonnes du fon d'une voyelle; mais les Hebreux & les Grecs nomment leurs voyelles & leurs confonnes avec des mots de deux & de trois fyllabes qu'ils font èpeler aux Enfans pour former des fyllabes d'une feule confonne : comme *An-ge-los*. Pour en former la pre-miere fyllabe, les Grecs font èpeler *alpha neugma* An : pour la seconde, *gamma epsylon* guè; & pour la troisieme *lambda omycron zeugma* los. Au lieu que pour articuler ce mot grec selon l'Art d'enseigner à lire, on dit à un Enfant, pour former la premiere syllabe, de prononcer seulement l'*n* vocale après *a*, pour la seconde le *g* dur devant l'*e* bref, & pour la derniere *l* devant *o* en siflant après à la françôise.

Quoiqu'un Enfant apprenne à lire en peu de tems par cette nouvelle Mèthode, il ne faut pas croire qu'il lira dabord couramment. L'habitude ne se donne point, elle s'acquiert par des actes reiterés & multipliés. car pour lire comme nous faisons, il faut au moins un an entier aux Enfans les moins lents.

On reconnoit demême qu'un Enfant peut apprendre à lire par toutes sortes de Mèthodes, nouvelles & anciennes. Nos Peres ont appris par la Mèthode vulgaire, mais avec combien de difficultés! Les Enfans qui apprennent encore par cette Mèthode nous en retracent amèrement le souvenir. Aussi ne savent-ils lire que par routine, & aucun n'est capable de rendre raison de la prononciation des mots qu'il a lus.

L'ART
D'APPRENDRE L'ORTOGRAPHE.

IL est une troisieme chose que l'on nous apprend par routine, & qui se peut apprendre par principes, c'est l'ortographe. Nous en avons deux, l'une d'usage, & l'autre de principes L'ortographe d'usage a pour objet les articles, les noms & les pronoms au singulier: les adverbes, les prépositions & les conjonctions. Ces trois dernieres parties d'oraison qui sont indéclinables s'écrivent partout demême; c'est en considérant dans les livres comment ces mots sont écrits qu'on en acquiert la connoissance. L'ortographe de principes a pour objet le pluriel & les differen-

tes terminaiſons des trois premieres parties du diſcours, les verbes & les participes.

L'Art de l'ortographe françôiſe, eſt *la connoiſſance de certains
principes pour ècrire des mots avec des lettres qui ne ſe prononcent
pas ;* car il ne faut point d'art pour ècrire celles qui ſe prononcent.

L'Art d'enſeigner à lire en françois, eſt *la connoiſſance des principes pour lire des mots avec des lettres qui ne ſont pas écrites, &
avec des lettres ècrites qui ne ſe prononcent point.*

Pour enſeigner & apprendre l'ortographe françôiſe par principes, il faut néceſſairement connoitre les huit parties du diſcours, le nombre, le genre & les tems ; combien il y a de dè-
clinaiſons & de conjugaiſons en françôis; combien il y a d'eſ-
peces de verbes & de participes.

Il y a des noms maſculins qui changent de terminaiſon au
féminin, qui s'ècrivent au pluriel autrement qu'au ſingulier.

Les verbes de la premiere conjugaiſon & ceux des autres qui
en ont la terminaiſon aux trois perſonnes ſinguliere du preſent
de l'indicatif, s'ècrivent avec une *s* à la ſeconde perſonne, &
ne la prennent ni à la premiere ni à la troiſieme. Les verbes ré-
guliers des trois autres conjugaiſons s'ècrivent avec cette conſonne à la premiere & à la ſeconde perſonne; avec un *t* à la troiſieme, & avec un *d* lorſque cette conſonne ſe trouve à l'infini-
tif ou qu'elle ſe conſerve au pluriel du preſent de l'indicatif. Les
verbes des quatre conjugaiſons terminés par un *e* feminin ou
muët aux premieres perſonnes du ſingulier de quel tems que ce
puiſſe être s'ècrivent ſans *s*, & en prennent une à la ſeconde.

Il y a ſix tems ſimples qui s'ècrivent de même dans les quatre conjugaiſons; l'imparfait & le futur de l'indicatif, les deux
imparfaits du ſubjonctif, dont le ſecond eſt terminé différem-
ment, ou en *aſſe*, ou en *iſſe*, ou en *uſſe*, le participe preſent &
la ſeconde perſonne des pluriels.

Comment un Maître peut-il enſeigner ces principes, & le

Diſciple les apprendre, ſi l'un & l'autre ignorent ces premiers elêmens de la langue ?

Que l'on ne ſe plaigne donc plus que l'ortographe françôiſe & le latin ſont difficiles, puiſqu'on nous laiſſe ignorer les vrais principes de la premiere, & on ne nous donne pas la clef du ſecond!

Pour faciliter en même tems l'un & l'autre, on a compoſé le Rudiment françòis à la portée de la Jeuneſſe des deux ſexes: & pour la commodité des Enfans on en a fait imprimer la premiere claſſe à part. Comme il faut donner aux derniers un livre pour les exercer à lire, n'eſt-il pas plus convenable de leur en donner un inſtructif qu'un indifferent ? En leur mettant en main le Rudiment de la langue françôiſe de la premiere claſſe qui ne ſe vend que 12 ſols, ils apprendront les regles de leur langue, ſans qu'ils s'apperçoivent qu'ils en font l'ètude. Il n'y a que 60 pages à apprendre de mémoire, le reſte eſt pour lire. Ainſi tous le ſauront par cœur; & à ce moyen ils auront la clef des principes de l'ortographe, celle du latin & des autres langues.

La table des ſons ſimples & des doubles que l'on a dreſſée, avec les cinq tables de l'aſſemblage des conſonnes, & le Rudiment de la langue françôiſe, ſont des modeles pour en compoſer en toutes ſortes de langues. Que chaque Nation en faſſe autant, on aura des facilités inconnues juſqu'ici.

On ne peut mieux juger de l'utilité du Rudiment françòis que par l'expérience. Un Enfant qui n'a que ſix ans le poſſede parfaitement, il l'a appris en trois mois. Cet Enfant dit ce qu'il prononce dans un mot, & enſuite les lettres qu'il y faut ècrire leſquelles il n'a pas prononcées.

Les Maîtres peuvent apprendre ce Rudiment en peu de tems, puiſqu'une Fille qui donne des leçons dans Paris l'a appris de l'Auteur en moins de trente leçons.

EXTRAIT

EXTRAIT

des Notes faites sur la Grammaire raisonnée,
Édition de 1756, page 51 & suivantes.

Il ne seroit peut-être pas si difficile qu'on se l'imagine de faire adopter par le public un Alphabet complet & régulier, &c.

Le Roi Chilperic a introduit quatre lettres dans l'Alphabet, & l'autorité qui préside aux Écoles publiques pourroit concourir à la réforme, en fixant une mèthode d'institution, &c.

Pourquoi la raison ne deviendroit-elle pas à la mode, seroit-il possible qu'une Nation reconnue pour éclairée & accusée de legereté, ne fût constante que dans des choses dèraisonnables.

Pag. 58. Il est étonnant que l'expérience n'ait pas encore fait triompher la raison des absurdités de la Mèthode vulgaire.

Traité des Etudes, pag. 7. art. 1. Tom. I.

Il faut aussi leur faire articuler distinctement toutes les syllabes, &c.

Il est même nécessaire que le Maître étudie avec attention tous les différens dèfauts de prononciation ou de langage qui sont particuliers en chaque Province, & quelquefois même aux Villes qui se piquent le plus de politesse, pour les faire éviter aux Enfans & les en corriger. On ne peut dire combien ces premiers soins leur èpargneront de peines dans un âge plus avancé.

Remarque. Pour éviter les prononciations vicieuses, & introduire une prononciation uniforme dans le Royaume, il n'est qu'un moyen, c'est d'apprendre aux Enfans à lire par les sons.

Si pour n'avoir trouvé que la prononciation uniforme des lettres de l'Alphabet, en les faisant prononcer toutes sur l'e muët, on demandoit déjà que la raison triomphât des absurdités de la Mèthode vulgaire : à plus juste titre doit-on demander aujourd'hui ce triomphe de la raison, depuis la découverte de l'Art pour enseigner à lire.

C.

EXTRAIT du Traité des Études de M. Rollin, ancien Recteur de l'Université de Paris.

Pag. CIV. Tom. I. des Obferv.

Mon deffein dans cet Ouvrage n'eft pas de donner un nouveau plan d'études, &c. à l'exception d'un petit nombre d'articles où je pourrai expofer quelques vûes particulieres, par exemple, *fur la néceffité d'apprendre la langue françoife par regles, &c.*

Page 6 de l'étude de la langue françoife.

Comme les premiers Elèmens du difcours font communs jufqu'à un certain point à l'étude des Langues, *il eft naturel de commencer l'inftruction des Enfans par les régles de la Grammaire françoife,* dont les principes leur ferviront pour l'intelligence du Latin & du Grec, &c.

On leur apprendra d'abord les differentes parties du difcours, comme le nom, le verbe, &c. puis les déclinaifons & les conjugaifons, enfuite les régles les plus communes de la Syntaxe, &c.

Il feroit à fouhaiter que l'on compofât exprès pour eux une Grammaire abrègée qui ne renfermât que les regles & les réflexions les plus nèceffaires.

Enfin ces deux Livres défirés font ceux que l'Auteur de la découverte de l'Art pour enfeigner à lire & du Rudiment françois, vient de dédier aux Enfans de France.

Vû & lû les Certificats enoncés pag. 7. & 8. des expériences rapides que l'Auteur a fait à Paris, permis d'Imprimer. A Pont-à-Mouffon ce fix Fevrier mil fept cent foixante.

Signé, BRETON.